Faszinierender

Gardasee

Bilder von

Max Galli

Texte von

Ernst-Otto Luthardt

Flechsig

Erste Seite:
Die vielleicht schönste Möglichkeit um von Malcesine nach Limone zu kommen ist die per Schiff.

Vorherige Doppelseite:
„Sirmione liegt auf einer Landspitze, die wie ein Schwert drei Kilometer tief in den blauen Leib des Gardasees hineingetrieben ist – Insel und Halbinsel zugleich.“ (Manuel Vigliani, 1962)

Rechts:
15 Minuten braucht die Seilbahn, um die Gäste von Malcesine auf den Monte Baldo zu bringen. Von der 1760 Meter hoch gelegenen Bergstation aus bietet sich ein fantastischer Blick auf den See.

Seite 10/11:
Die alte Festungsstadt Peschiera del Garda steht gleich mehrfüßig im Wasser. Die vier Inseln, von denen drei bewohnt sind, werden vom Gardasee und dem Mincio-Fluss umspült.

Inhalt

Titanic II
Onda

Vielbesucht und -bewundert: der Gardasee

Dass es in das Paradies eines langen Weges und großer Anstrengungen bedarf, mag vielleicht für das himmlische gelten, nicht aber für jenen rund 52 Kilometer langen und bis zu circa 18 Kilometer breiten See zwischen Alpenkamm und Po-Ebene. Auch wenn die Geologen für dessen Entstehung das – einst bis hierher reichende – Adriatische Meer, vor allem aber die späteren Gletscher verantwortlich machen, liegt auf der Hand, dass ein solches Kleinod nur durch das Mittun der Götter entstanden sein kann. Außerdem war, wie so oft, eine Frau mit im Spiel. Diese, eine Nymphe namens Engardina, lebte in einem auf den Almen des Monte Baldo gelegenen See, den sie trotz des Drängens ihres Verehrers, des Wassergottes Benacus, unter keinen Umständen verlassen wollte. Dass sie am Ende doch seinem Werben nachgab, hatte seinen Grund im Materiellen. Versprach ihr doch Benacus ein viel größeres und schöneres Zuhause als das, was sie jetzt besaß. Zu diesem Zweck schob er die Berge auseinander und füllte das entstandene Becken mit Wasser, das die Nymphe, die ebenfalls ihr Scherflein zur Einrichtung des gemeinsamen Wohnsitzes beitragen wollte, mit ihrem blauen Haar einfärbte. Da eben dieses Blau einen nicht unbeträchtlichen Teil der Anziehungskraft des Gardasees ausmacht, wundert es schon sehr, dass mit dessen alten Namen – Lacus Benacus – nur dem Gott, ihrer aber überhaupt nicht gedacht wird.

Mehr Krieg als Frieden

Es ehrt Benacus und Engardina, dass sie ihren Besitz mit den Menschen teilten. Die ersten kamen in der Jungsteinzeit und bauten ihre Hütten auf Pfählen in den See hinein. Offenbar gefiel es ihnen hier so gut, dass sie sich nicht nur als Fischer, sondern auch (am Ostufer) als Künstler betätigten und den Felsen Figuren und rätselhafte Symbole einritzten. Die ab 400 v. Chr. eindringenden Kelten indes machten sich vor allem als Städtegründer verdient. Die ihnen zwei Jahrhunderte später nachfolgenden Römer gaben ihrer neuen Provinz (191 v. Chr.) den Namen Gallia Cisalpina und machten Mediolanum (Mailand) zur Hauptstadt.

Die erste große Schlacht am Gardasee fand im Jahre 268 n. Chr. statt. Damals brachte Kaiser Claudius (II.) Gothicus den aus dem Norden vordringenden Alamannen eine vernichtende Niederlage bei. Die römische Geschichtsschreibung, in solchen Fällen häufig stark

übertreibend, berichtet von 50000 getöteten Feinden. Später setzten sich die Kriegsspiele mit bekannten Namen wie dem Hunnenkönig Attila, dem germanischen Heerführer Odoaker und dem westgotischen König Theoderich fort. Dem Langobardenreich (568–774) schloss sich die Herrschaft der Franken unter Karl dem Großen an. Dieser erhob Garda zur Grafschaft und gab damit den Anstoß für die neue Namensgebung des Sees. Mitte des 10. Jahrhunderts, unter Kaiser Otto I., kam dieser an das Herzogtum Bayern. Rund zwei Jahrhunderte später wurde Kaiser Barbarossa von den lombardischen Städten gezwungen, die Macht mit ihnen zu teilen. Mächtige Familienclans machten der Zentralgewalt Konkurrenz. Am Ostufer des Gardasees setzten sich zunächst die aus Verona stammenden Skaliger fest. Danach brachten sich die Mailänder Visconti und die Venezianer ins Spiel, die um und auf dem See um die Vorherrschaft kämpften. Dabei kamen Letztere auf die grandiose Idee, ihre Schiffe zu Amphibienfahrzeugen umzufunktionieren. Sie ruderten mit ihnen die Etsch stromaufwärts und ließen sie dann von – wie es heißt – 2000 Ochsen übers Land ziehen. Wasser bekamen sie erst in Torbole wieder unter den Kiel. So geschehen im 15. Jahrhundert.
Obwohl sich die Strategen späterer Jahrhunderte nicht halb so erfindungsreich erweisen sollten, war der an Mensch und Gut verursachte Schaden nicht minder schlimm. Auch wenn der Sieg der Italiener und der mit ihnen verbündeten Franzosen über die Österreicher in der Schlacht von Solferino (1859) zur Einigung Italiens führte, rechtfertigt das nicht den enormen Blutzoll, nämlich insgesamt 6000 Tote, 25000 Verwundete und 12000 Vermisste.
Immerhin lieferte dieses große Schlachten den Anlass für die Gründung des Internationalen Komitees der Hilfsgesellschaften für die Verwundetenpflege (1863), des späteren Roten Kreuzes. Die Initiative dazu ging von dem Schweizer Geschäftsmann Henry Dunant aus, der das Schlachtfeld besucht und mit seinem aufrüttelnden Erlebnisbericht auf die Leiden all jener aufmerksam gemacht hatte, die – während sich ihre Anführer nicht schnell genug mit Cognac und Sekt gegenseitiger Wertschätzung versichern konnten – hilflos zurückgelassen wurden.

Ein zweitausendjähriger Dauerbrenner

Der enthusiastischen Loblieder über den Gardasee gibt es viele. Den Anfang machte Catull (um 87– um 54 v. Chr.), der verwegenste aller römischen Liebesdichter, dem es vor allem jenes auf einer schmalen Landzunge gelegene Städtchen angetan hatte, das sich bis heute seinen unvergleichlichen Charme bewahren konnte:

Ich grüße dich, liebliches Sirmione. Freue dich
des Herrn! Freue dich, heimatlicher Gardasee!
Lacht, Wellen! Mit allen, die in meinem Haus leben.

Vergil (70–19 v. Chr.), der Schöpfer des römischen Nationalepos Aeneis, bezeichnete den See erstmals so, wie zumindest dessen südlicher Part bis heute gesehen

Vom Kastell der Skaliger bietet sich dieser schöne Blick über die Dächer der Altstadt von Malcesine und den Gardasee. Archäologische Funde deuten darauf hin, dass hier schon in prähistorischer Zeit Menschen gesiedelt haben.

Das Boot war eigentlich schon an der Ortschaft vorbei, „als der Wind sich völlig umkehrte, seinen gewöhnlichen Tagweg nahm und nach Norden zog. Das Rudern half wenig gegen die übermächtige Gewalt und so mußten wir im Hafen von Malcesine landen“, schrieb Goethe vor rund 235 Jahren in seiner „Italienischen Reise“.

wird, nämlich als Meer. Dem Humanisten Agostino Brenzone gefiel es am Ostufer am besten. San Vigilio, wo er sich im Jahre 1540 eine prächtige Villa im damaligen Stil der Renaissance erbauen ließ, war für ihn der „schönste Ort der Welt“.

In den nachfolgenden Jahrhunderten wuchs die Zugkraft des Gardasees noch mehr. Neben dem alten Adel und dem neuen des Geldes zog es auch viele Künstler und Literaten hierher. So finden sich in den Gästelisten die Namen von Lord Byron, Henrik Ibsen, André Gide und Ezra Pound. Letzterer bekannte gegenüber James Joyce: „Hier fühle ich mich zuhause.“ 1912 quartierte sich der englische Autor D. H. Lawrence („Lady Chatterley“) mit Frieda Weekley, geborene von Richthofen, der Frau seines Professors, die mit ihm durchgebrannt war, in Gargnano ein. Dort vertraute er seinem literarischen Tagebuch an: „Ich saß und schaute auf den See. Es war schön wie das Paradies, wie die erste Schöpfung.“

Die deutsche Literatur wurde am Gardasee unter anderem durch Rainer Maria Rilke, Friedrich Nietzsche, Franz Kafka und die Gebrüder Thomas und Heinrich Mann vertreten. Und auch Filippo Miller war hier. Den „12. September (1786) nach Tische“ notierte er in Torbole: „Wie sehr wünschte ich meine Freunde einen Augenblick neben mich, daß sie sich der Aussicht freuen könnten, die vor mir liegt.“ Einen Tag später ließ er sich in einem Boot nach Malcesine rudern. Dort tat es ihm besonders die alte Festung an, die er gleich mehrmals skizzierte. Daraufhin als vermeintlicher österreichischer Spion festgehalten, bereitete es ihm einige Mühe, seine Unschuld zu erklären. Von diesem Ereignis beziehungsweise dessen Protagonisten, an den gleich dreifach – mit einer Tafel, einer bronzenen Büste und einem kleinen Museum – erinnert wird, zehrt Malcesine bis heute. Immerhin handelt es sich um keinen Geringeren als Johann Wolfgang von Goethe, der sich bei seiner Italienreise das Pseudonym Filippo Miller zugelegt hatte.

Mit Ehrenkranz

Für nicht wenige ist der Lago di Garda der schönste See Europas. Finden doch hier die majestätische Bergwelt und die Leichtigkeit des Südens in geradezu einmaliger Art und Weise zueinander. Allein die Zahl der Besucher spricht eine deutliche Sprache. Sie alle schwören auf ihren Sehnsuchtsort, der den unterschiedlichsten Erwartungen gerecht wird und sämtlichen Sinnen hofiert, ja sie verwirrt. So weiß das Auge angesichts dieser Idylle, die sich erst fjordeng und dann meeresbreit gibt, gar nicht, wo es sich festhalten soll: am Wasser oder an der Umgebung, deren höchster Gipfel, der Monte Baldo, sich über 2200 Meter in den Himmel reckt. Hauptlieferant des Wassers ist die Sarca im trentinischen Norden, die im Süden, unter dem Namen Mincio, auch für den Abfluss des 370 Quadratkilometer großen und bis zu 346 Meter tiefen Sees sorgt. Inseln gibt es ebenfalls und zwar fünf. Die größte von ihnen, die Isola del Garda, misst gerade mal 1100 Meter in der Länge und 60 Meter in der Breite. Obwohl die Hauptsaison vom Frühling bis in den Herbst

Der Gardasee, die umgebenden Berge und die Punta San Vigilio vom Schiff aus gesehen.
Die Sonne bereitet ihren Untergang vor, sogar das Wasser scheint jeden Moment Feuer zu fangen.

reicht, waren es gerade die Wintergäste, die den internationalen Ruf des Gardasees begründet haben. Macht es doch Spaß, in der warmen Sonne promenieren zu können, während die Berge oben ein dickes Schneekleid tragen. Frost gibt es auf Seehöhe nur selten. Wesentlich größer ist die Wahrscheinlichkeit, dass der Winter als Frühling einher kommt. Die Sommer hingegen machen ihrem Namen alle Ehre. Bei einer durchschnittlichen Lufttemperatur von 24 Grad ist das Wasser in der großen Badewanne nur unwesentlich kälter.
Unter diesen Bedingungen fühlen sich nicht nur Anwohner und Besucher, sondern auch Öl- und Zitronenbaum sowie der Weinstock ausgesprochen wohl. Und am Westufer gibt es sogar Lorbeerwälder. Das heißt: Die Götter haben dem Gardasee einen Ehrenkranz gewunden.

Kunst-Stücke

Verständlich, dass bei einer solch überwältigenden Vorgabe, die die Natur mit dem Gardasee geliefert hat, die Menschen nicht nachstehen wollen. Die lange Reihe ihrer Kunst-Stücke beginnt in der Steinzeit mit geheimnisvollen Felszeichnungen und setzt sich mit einem bemerkenswerten römischen Erbe fort, das seinen Gipfelpunkt in der Ende des ersten nachchristlichen Jahrhunderts errichteten Arena von Verona besitzt. Doch auch direkt am See ist mit den sogenannten Grotten des Catull in Sirmione – bei denen es sich, entgegen der Benennung, um einen großen Gebäudetrakt aus der Kaiserzeit handelt – sowie den Überresten von Villen in Toscolano und Desenzano del Garda (mit beeindruckenden Bodenmosaiken) durchaus Sehenswertes erhalten geblieben.
Das Mittelalter hinterließ sowohl eine Reihe romantischer Burgruinen (Arco, Malcesine, Torri del Benaco, Lazise oder Sirmione) als auch zahlreiche romanische Gotteshäuser, zu deren schönsten Sant'Andrea Apostolo in Maderno, San Zeno in Castelletto di Brenzone, Santa Maria in Cisano oder San Severo und San Zeno in Bardolino zählen. Die Bemalung, so die großartigen Fresken von Santissima Trinità am Hafen von Torri del Benaco, die der Giotto-Schule zugerechnet werden, ist in der Regel gotisch. Herausragende bildhauerische Arbeiten dieser Epoche finden sich auf dem Familienfriedhof der Skaliger in Verona oder im Kreuzgang des am östlichen Ortseingang von Gargnano gelegenen Klosters San Francesco.
Nach dem Zerfall des römischen Imperiums entstanden erst in der Renaissance wieder repräsentative Wohnbauten. Die heitere Villa Guarienti auf der Punta San Vigilio, ein Werk des Veronesers Michele Sanmicheli, ist ebenso ein Kind des 16. Jahrhunderts wie der martialische Palazzo Martinengo-Terzi bei Salò. In barocker und klassizistischer Zeit startete ein regelrechter Wettlauf um die schönste Baulichkeit am See, dem nicht nur zahlreiche Paläste und Villen, sondern auch – um die Wende vom 19. zum 20. Jahrhundert – vornehme Hotels entsprangen. Obwohl alles andere als einen Architekturpreis wert, gehört das Vittoriale degli Italiani in Gardone, das sich der exzentrisch-dekadente, den Nietzsche'schen

Oben:
Die Winde, einst Herrn Goethes Leid, sind der Surfer Freude. Die besondere Lage des Sees – die Berge wirken wie Düsen – gebiert eine mehrköpfige windige Familie, die die Namen Tramontana, Ora, Boscorala, Vinessa, Ander und Ponale trägt.

Übermenschen und damit sich selber verherrlichende Literat Gabriele D'Annunzio (1863–1938) als Alterssitz in Gardone Riviera erbauen ließ, zu den augenfälligsten.

Zeitvertreibe

Als größtes touristisches Zentrum am Fuße der Alpen besitzt der Gardasee nahezu alles, was das Leben schön macht – eingeschlossen das süße Nichtstun (Dolcefarniente), das die Italiener bekanntlich bestens beherrschen. Natürlich kann man in dem jetzt wieder sauberen Wasser auch baden. Doch an den Ufern gibt es keinen – natürlichen – Sand, sondern nur Kieselsteine. Die größten Strände liegen am südlichen Ufer zwischen Peschiera und Salò.

Die übergroße Mehrheit der Wassersportler, die es zum Gardasee zieht, sind Surfer. Da Gott Aeolos zwischen Torbole und Riva auf seiner Harfe immer wieder die gleichen Töne anschlägt – sprich: die Winde sich als ausgesprochen beständig erweisen –, zählt dieses Revier zu den besten Europas. Kein Wunder, dass die wellenreitenden Frauen und Männer hier in – fast – allem das Sagen und auf dem Wasser sogar die Vorfahrt haben.

Während die einen auf dem Wasser ihren Sport ausüben, erklimmen die anderen, im nicht allzu weit entfernten Sarca-Tal, die Felswände beziehungsweise betätigen sich als Drachenflieger oder Mountainbiker. Gelegenheiten zum Wandern gibt es eigentlich überall. So auf den Hochflächen von Tremosine und Tignale. Während man dort aus eigener Kraft die steilen Wege hochkraxeln muss, ist der Monte Baldo am Ufer gegenüber durch eine Seilbahn erschlossen, die zwar den Aufstieg und damit rund 2000 Höhenmeter erspart, aber in der Saison häufig langes Anstehen nötig macht.

Zu den schönsten Vergnügungen am Gardasee gehört auch das Schmeicheln des Gaumens. Dass inzwischen von den berühmten Forellen mehr gegessen werden als – zumindest im See – nachwachsen, ist zwar höchst bedauerlich, beweist aber auch deren außerordentliche Qualität. Gott sei Dank gibt es genügend Alternativen an Kulinarien wie an Restaurants, in denen es einem nach dem Dinieren ein Bedürfnis ist, einen Dankesgruß in die Küche zu schicken. Und den Wein betreffend ist man hier ebenso an der richtigen Quelle. Neben den international bekannten Namen wie Bardolino und Valpolicella gibt es noch eine Reihe anderer mit großer Tradition und beglückender Gegenwart. So zum Beispiel den tiefgelben Lugana, der in der namensgebenden Region zwischen der Halbinsel Sirmione und Pozzolengo reift. Schon vor 250 Jahren behauptete ein Hamburger Senator, dass man nach seinem Genuss „die Karpfen singen" höre. Klar, dass schon allein dieses Erlebnis der Beweisführung wert ist.

Seite 18/19:
Das vom Monte Brione und den Ausläufern des Monte Baldo gerahmte Torbole hat sich vom Fischerdorf zum Hauptquartier der Surfer gemausert, die denn auch den Großteil der Gäste stellen.

Rechte Seite:
Der Lago di Garda ist einer „der reizendsten (Seen) vielleicht auf der Welt, so prächtig und schön erheben sich nach und nach die Gebürge dahinter herum in frischen, zauberischen Farbtönen von Dunkel und Luft", schwärmte der Sturm-und-Drang-Dichter Wilhelm Heinse anlässlich seiner Italienreise 1780–83.

Im Schatten des Monte Baldo – der Osten

Abgesehen von einem kurzen Abschnitt südlich von Torbole, wo ein paar Tunnel in den Fuß des Monte Baldo gegraben werden mussten, um Platz für die Gardesana Orientale zu schaffen, geht es am östlichen Ufer zwischen den Bergen und dem See nicht ganz so leidenschaftlich – sprich: so eng und steil – wie auf der gegenüberliegenden Seite zu. Doch das hält die Besucher nicht davon ab, Malcesine, Torri del Benaco, Brenzone und Garda vor allen anderen Destinationen zu favorisieren.

Nicht nur um der Enge auf der Straße und in den Ortschaften auszuweichen, sondern auch deshalb, weil letztere ihre schönste Seite dem See zuwenden, hat die Annäherung mit dem Schiff ihren ganz besonderen Reiz. Die Idylle ist fast nicht mehr zu überbieten. Und selbst die einst so martialischen Skaligerburgen, die zwischen Riva und Sirmione Spalier stehen, können keinem mehr Angst machen.

Die Gefährdungen sind vielmehr ganz anderer Art. Zum Beispiel, entlang der Weinstraße allzu vertrauten Umgang mit Gott Bacchus zu pflegen. Oder sich beim Wandern auf dem Monte Baldo in einem betörenden Blumenmärchen zu verlieren. Auch, angesichts der zauberischen Verwandlung der Olivenhaine in ein silbernes Meer Zeit und Raum zu vergessen.

Je weiter man gen Süden kommt, desto mehr Spannung verliert die Inszenierung Ostufer, wird – im wörtlichen wie im übertragenen Sinne – sichtlich flacher. Das hängt nicht nur mit dem Übergang der Berg- in eine Hügellandschaft zusammen, sondern auch mit diversen Vergnügungsparks. Zuvor gibt es jedoch noch ein wirkliches Original namens Lazise zu bewundern, das sich einer traumhaften Altstadt rühmen kann.

Oben:
Von dem fast 1800 Meter hohen Tratto Spino aus gesehen wirken die Häuser von Malcesine wie Teile aus einer Spielzeugschachtel. Rechts im Bild die alte Skaligerburg mit dem alles überragenden, weiß leuchtenden Bergfried.

Links:
„Gardaland" heißt die bei Peschiera gelegene italienische Version der Disney-Parks. 1975 eröffnet, ist sie mittlerweile auf 46 Hektar angewachsen. Die Besucher erwarten zahlreiche Attraktionen und vier themenbezogene Dörfer.

Linke Seite: Ob nun hier in Torbole oder an einem anderen Uferabschnitt, der Gardasee hält einige Plätze bereit, die zum Rasten einladen – Bergpanorama inklusive.

Blick von der Kirche Sant'Andrea – das Gotteshaus birgt ein sehenswertes Altarbild (1741) des Veroneser Malers Giambettino Cignaroli – über die Dächer und Gärten von Torbole gen Gardasee, der hier wie ein Fjord anmutet. Die Ortschaft selbst zählt rund 2500 Einwohner.

Noch einmal Herr Goethe, und zwar am 12. September 1786 nach Tische: „Wenn man hinab kommt, liegt ein Örtchen am nördlichen Ende des Sees, und es ist ein kleiner Hafen oder vielmehr Anfahrt daselbst, es heißt Torbole.“ Bei dem weißen Gebäude direkt am Wasser handelt es sich um die ehemalige Zollstation der Habsburger.

Ein Bild wie aus einem Märchen – die Burg der Grafen von Arco. Die ältesten Bauteile des Felsennestes, so der Torre Grande, sollen auf die Goten zurückgehen. Nachdem sie über Jahrhunderte allen Angriffen widerstehen konnte, musste sie im Jahre 1703 vor dem Bombardement französischer Kanoniere kapitulieren und ist seither Ruine.

Die – Collegiata genannte – Pfarrkirche von Arco dominiert die Piazza III Novembre. Das imposante kalksteinerne Gotteshaus datiert aus dem 17. Jahrhundert. Es gilt als eine der herausragenden Hinterlassenschaften der Trentiner Spätrenaissance.

Rechte Seite:
Die berühmte Cascata del Varone verdankt ihre Existenz dem Wasser des Tennosees, das sich im Laufe tausender von Jahren auf seinem Weg zum Gardasee durch den Kalkstein gezwängt und zwei Grotten geschaffen hat, in denen es sich in einem unglaublich spektakulären Auftritt als Wasserfall präsentiert.

Blick auf die Bergstation (Tratto Spino) der Seilbahn, die von Malcesine auf den Monte Baldo führt. Die „Krone", die der Berg seit 1962 zu tragen hat, ist sicher alles andere als schön, verleiht aber dem Tourismus, auch im Winter, neue Impulse.

Ziegen gehören zum gewohnten Bild der Almen auf dem Monte Baldo. Aus ihrer Milch wird ein köstlicher Käse bereitet, das Fleisch kommt in die Restaurants, wo der Zickleinbraten als besonderer Leckerbissen gilt.

Eine Augenweide: das dunkle Grün der Wälder und das helle, blumenbestückte der Wiesen. Dazu ein paar Häuser, mäandernde Pfade, ein Stausee. Der Hintergrund bläulich – Berge und Himmel kommen sich ganz nahe.

Alm nahe der Bocca di Navene, einem 1425 Meter hohen Pass an der Monte-Baldo-Höhenstraße. Der Frischkäse, der hier verkauft wird, verdient auch wirklich diesen Namen.

Seite 28/29:
Der Monte Baldo ist ein ideales Wandergebiet ohne allzu große Schwierigkeiten. Das heißt, man benötigt keine alpinistischen Fähigkeiten. Darüber hinaus haben auch Mountainbiker und Gleitschirmflieger die fantastische Bergwelt für sich entdeckt. Und im Winter ist Skifahren angesagt.

Unübersehbarer Blickfang von Malcesine ist die Burg. Mit ihren Schwestern in Lazise, Torri del Benaco und Sirmione erinnert sie an jene Zeit, als am Gardasee das Veroneser Geschlecht der Skaliger (1260–1387) das Sagen hatte.

Ankunft in Malcesine. Die Annäherung mit dem Schiff ist mit gewissen Vorteilen verbunden. Hat doch das Auge alle Zeit der Welt, um sich anzupassen und Sehenswertes zu fokussieren.

Ob Badefreunde oder Freizeitkapitäne – der Gardasee erfüllt alle Wünsche. Im Hintergrund das felsige Ufer zwischen Assenza und Malcesine, also im Alto lago genannten nördlichen Teil.

Im Restaurant „Lido Paina“ in Malcesine kann man nicht nur gut essen – die Fischgerichte schmecken hier besonders lecker –, man hat auch einen herrlichen Blick auf die Skaligerburg und den See.

Als Goethe am 14. September 1786 die Burg von Malcesine zeichnete, bekam er ziemlichen Ärger, denn man hielt ihn für einen österreichischen Spion. Heutzutage ist man hier froh über diesen Vorfall, denn er lässt sich gut vermarkten.

Vor allem am Abend, wenn viele Besucher Malcesine schon wieder verlassen haben, lässt es sich unter dem Kastanienbaum auf der Piazza Cavour gut sitzen und der Erlebnisse und Eindrücke des Tages gedenken.

Wie der Name verrät, residierten im Palazzo dei Capitani von Malcesine die venezianischen Statthalter. Die Ursprünge des Gebäudes gehen wohl auf das 13. Jahrhundert zurück, sein heutiges prächtiges Antlitz im Stile der Renaissance erhielt es im 15. Jahrhundert.

Es ist durchaus nicht die Regel, sondern eher eine Ausnahme, dass die Gassen der Altstadt von Malcesine so leer sind, wie auf diesem Bild. Doch das ermöglicht auch den Blick auf so manches schöne Detail.

Linke Seite:
Das Ausflugsschiff wird bald in Castelletto di Brenzone anlegen, zwischen dessen Hafen und dem historischen Dorfkern die viel befahrene Gardesana verläuft, die auch diese Ortschaft in zwei Teile trennt.

Torri del Benaco erhielt seinen Namen von den Türmen der Skaligerburg. Doch bereits vor der Herrschaft der Veroneser und Venetier erlebte der Ort unter den beiden Nationalkönigen Berengar I. und Berengar II. eine erste Blüte.

Die nahe Torri del Benaco gelegene kleine Ortschaft Pai wird auch von Linienschiffen angefahren. Der Turm mit den markanten Zinnen gehört nicht zu einer Burg, sondern zu einem Hotel.

Seite 36/37:
„Die ganze Welt besteht aus drei Teilen: Afrika, Asien und Europa. Der schönste Teil ist Europa, und davon ist Italien der schönste Teil, von Italien wiederum die Lombardei, und von dieser der Gardasee, und an diesem San Vigilio. Ergo ist San Vigilio der schönste Ort der Welt", argumentierte der Humanist Agostino Brenzone, der sich die Halbinsel zum Wohnort erwählt hatte.

Auf der Punta San Vigilio. Die Mole ist gerade breit genug, die Tische und Stühle des Restaurants zu tragen. Der kürzeste Weg zur „Locanda San Vigilio“, wo man nicht nur gut speisen, sondern auch über Nacht bleiben kann, ist der mit dem Boot.

Rechte Seite:
Romantik pur: Im Gegensatz zu den Ortschaften am Ufer, wo es zu dieser Zeit noch hoch hergeht, ist es auf dem See selbst merklich ruhiger geworden, sodass sich auch ausgesprochene Individualisten mit ihm aussöhnen können.

Seite 40/41:
Während von der legendenumwobenen Burg, der der See seinen heutigen Namen verdankt, kaum noch etwas zu sehen ist, wuchs Garda zu einem der größten und beliebtesten Fremdenverkehrsorte.

HONDA
RV40524
Orsa
MINORE
YAMAHA
4629-A

Dass man im Hafen von Garda noch relativ viele Fischerboote zu sehen bekommt, ist kein Zufall. Leben hier doch noch so viele Menschen vom Fischfang wie in keiner anderen Ortschaft am See.

Dass in der Altstadt von Garda jedes zweite Haus ein Restaurant und jedes dritte ein Laden ist, stimmt zwar numerisch nicht ganz, trifft aber den Nagel auf den Kopf. Immerhin strömen die Massen nicht ohne Grund hierher: Das Klima ist besonders mild, die Vegetation besonders üppig, die Farbe des Wassers besonders intensiv.

Rechte Seite:
Obwohl in Garda kein Sternekoch residiert, kann man in der Stadt trotzdem gut essen. Auch hier gilt: Die Restaurants in der ersten Uferreihe müssen nicht automatisch die besten sein, sind aber fast immer die teuersten.

Rebenlandschaft bei Bardolino. Zu den vielen, die dem hiesigen Wein ein Loblied gesungen haben, gehörte auch der deutsch-baltische Dichter Otto Freiherr von Taube (1879–1973), der den „Saft der Veroneser Mark" als „beredend, dringlich, stark" empfand.

Blick von den Hügeln bei Bardolino auf die Punta San Vigilio. Auf diesem Bild ist gut zu erkennen, wie sich die Berge stufenförmig absenken und schließlich vor dem See verneigen.

Die östlich von Bardolino, nahe der Autobahn gelegene Ortschaft Affi kann sich eines malerischen historischen Dorfbildes rühmen. Viele der zumeist aus Naturstein errichteten Häuser gehören allerdings nicht mehr den Einheimischen, sondern auswärtigen Residenten.

Hundert Jahre hat der Schaufelraddampfer „Italia“, der gerade in den Hafen von Lazise einläuft, schon auf dem Buckel. Er arbeitet zwar etwas lauter als seine modernen Konkurrenten, bietet dafür aber eine unvergessliche Zeitreise in die Vergangenheit.

Offensichtlich ist es bei den Tieren nicht anders als bei den Menschen: Gegenüber dem Schwan, der viel größer und stärker ist, haben die Enten bei der Fütterung das Nachsehen.

Von den sechs Türmen des Skaligerkastells in Lazise ist der rechte der besterhaltenste und schönste. Da die Burg noch heute bewohnt ist, müssen sich die Besucher mit dem Blick von außen begnügen.

Wie durch ein Wunder hat sich das gänzlich von einer Mauer umgürtete mittelalterliche Kleinod Lazise bislang dem Zugriff der Massen weitgehend entziehen können. Idyllische, nicht allzu große Restaurants wie dieses gibt es hier gleich mehrere.

Seite 48/49: Blick auf den Hafen von Lazise. Dicht an das Wasser gebaut, stehen die Häuser den einlaufenden Booten Spalier. Den Fischrestaurants des Ortes geht der Ruf besonderer Qualität voraus.

MERCURY
8
Olimpia
ARDITA
015 LV
Gaia

GIPI'S BAR
MERCURY

Linke Seite: Abendstimmung an der Seepromenade von Lazise. Der Landschaft geht langsam das Licht aus. Lange dauert es nicht mehr, bis sich erst die Berge im Hintergrund verabschieden und dann auch das Nahe verblasst.

Weit reicht der Hafen von Lazise in die Ortschaft hinein. Die Kirche links datiert aus dem 12. Jahrhundert. Sie ist dem heiligen Nikolaus gewidmet. Die Restaurierung in den 1950er-Jahren brachte bemerkenswerte Fresken in der Nachfolge Giottos zutage.

„Spieglein, Spieglein an der Wand, wer ist die Schönste im ganzen Land?“ Da der Künstler von seinen Auftraggebern lebt, können diese auf der Seepromenade von Lazise ihr Konterfei in der Gewissheit in Auftrag geben, dass er sie nicht enttäuschen wird.

Das knapp 9000 Einwohner zählende Städtchen Peschiera del Garda wird durch den Mincio geprägt. Der 75 Kilometer lange wasserreiche Abfluss des Gardasees mündet bei Governolo in den Po.

Die größte der drei Inseln, auf denen Peschiera erbaut wurde, trägt die Altstadt. An den Ufern der Kanäle, zumal wenn sie – wie hier – von schattenspendenden Pinien bestanden sind, lässt es sich gut flanieren.

An der Schiffsanlegestelle von Peschiera. Die Passagiere sind in der Altstadt unterwegs. Besichtigen den Dom San Martino oder die Ausgrabungen der alten Römersiedlung Arilica. Oder sitzen in einem der Restaurants.

„Die Lage von Lonato ist schön, Sirmione ist noch schöner, aber am schönsten ist Peschiera“, behauptete 1514 die schöne, geistreiche und kunstsinnige Isabella D’Este, Markgräfin von Mantua. Infolge seiner strategischen Bedeutung war Peschiera über Jahrhunderte hinweg auch den Militärs wichtig und diese sitzen noch immer in der von den Venezianern errichteten und von den Österreichern ausgebauten Festung.

Wahrzeichen und Blickfang von Sirmione ist das zinnenbekrönte Skaligerkastell aus der Mitte des 13. Jahrhunderts. Die besterhaltene Wasserburg am Gardasee kann sich sogar eines eigenen, von Mauern geschützten Hafens rühmen.

Blick von der Skaligerburg in Sirmione auf die Piazza Carducci – Einfallstor für jene Besucher, die mit der Fähre oder dem Ausflugsschiff hierher kommen.

Die Pfarrkirche Santa Maria Maggiore in Sirmione stammt aus dem 15. Jahrhundert. Aus dieser Zeit haben sich auch bemerkenswerte Fresken – Höhepunkt ist die Kreuzigungsszene an der Südwand – erhalten.

Blick auf die sogenannten Grotten des Catull in Sirmione. Die irreführende Benennung – die Ruinenstätte hat weder etwas mit dem berühmten Dichter zu tun, noch handelt es sich um Grotten – geht auf einen Chronisten aus der Renaissancezeit zurück.

Am lombardischen Ufer – der Westen

Der besondere Charme des Gardasees rührt von den extremen Kontrasten her. Die Landschaft wechselt nicht nur ihr Gesicht, sondern auch ihre Garderobe. So schmückt sie sich zwischen Salò und Limone sul Garda nicht mit Weinlaub und Oliven, sondern mit Zitronen – was dieser Region zu dem Namen Riviera dei Limoni verhalf. Inzwischen lässt sich allerdings mit dem Fremdenverkehr leichter und mehr Geld verdienen als mit Zitrusfrüchten, weshalb deren Anbau stark zurückgegangen ist.

Gardone Riviera gilt als der mondänste Ort am gesamten See. Pflegten doch hier ab dem Ende des 19. Jahrhunderts immer mehr Betuchte zu überwintern – wozu es entsprechender Behausungen bedurfte. Die Villen und Paläste, aber auch die Hotels spiegeln bis heute den Reichtum beziehungsweise Geschmack ihrer Besitzer oder Gäste. Unter den Exzentrikern, die es hierher zog, war der botanisierende Zahnarzt Arturo Hruska einer der sympathischsten. Die Samen und Stecklinge aus aller Herren Länder, die er auf seinem Grundstück ausgebracht hat, sind längst zu einem fantastischen „Weltgarten“ gewachsen – der nun André Heller, einem anderen Visionär, gehört.

Im Gegensatz zu den Brescianer Voralpen, die auf ihrem jäh zum See abfallenden Hochlandrücken etliche malerische Dörfer tragen, wird der Süden von einer hügeligen – Valtanesi genannten – Moränenlandschaft geprägt, die von Salò bis Desenzano del Garda reicht. Während die liebreizende, ein lichtes Grün bevorzugende Schöne ihre beiden Busen – als Halbinseln – von den Wellen umspülen lässt, halten die Ortschaften etwas Abstand zum See. So auch das von Öl- und Weingärten umgebene und von einer Burgruine dominierte Manerba del Garda.

Oben:
Eigentlich ist auf dem schmalen Streifen Land zwischen dem Gardasee und den Dosso-dei-Roveri-Bergen gar kein Platz für eine Siedlung. So klemmen die Häuser von Limone im wahrsten Sinne des Wortes zwischen Wasser und Berg.

Links:
Das auf einer breiten Landzunge in den See ragende Manerba del Garda besteht aus mehreren Ortschaften. Die hier produzierten Weine zeichnen sich nicht nur durch Masse – immerhin sind vier Fünftel der Ortsfläche mit Reben bepflanzt –, sondern auch durch Klasse aus.

Das Herz der Altstadt von Riva del Garda schlägt an der Piazza III Novembre. Der unmittelbar am Hafen gelegene Platz wird von schönen Palazzi und Arkaden gesäumt, die sowohl den Einfluss Veronas als auch Venedigs verraten.

Die kleine Brücke verbindet die Rocca von Riva mit dem Festland. Das Skaligerkastell wurde 1124 errichtet und dann von den Österreichern zur Kaserne ausgebaut. Es beherbergt heute ein Museum.

Obwohl Riva kilometerlange Kiesstrände und gepflegte Liegewiesen besitzt, ist man beim Baden im größten Urlaubsort am Gardasee allenfalls als Frühaufsteher oder Nachtschwärmer allein.

Während das nahe gelegene Torbole als Surferhochburg gilt, zieht es die Skipper eher nach Riva. Die Internationale Segelwoche „Intervela“ steht mit an oberster Stelle auf dem Wettkampfkalender.

Im Gegensatz zum Gardasee liegt der nur ein paar Kilometer entfernte Tennosee in einer nahezu unberührten Naturlandschaft am Fuße des Monte Misone. Er gilt als das sauberste italienische Binnengewässer.

Mit der Kirche San Lorenzo besitzt das kleine Tenno eine große Sehenswürdigkeit. Das romanische Gotteshaus birgt wertvolle Fresken aus dem 12. und 14. Jahrhundert.

Nachdem sich durch den Bau eines Wasserkraftwerkes im Jahre 1929 der Wasserspiegel des Ledrosees gesenkt hatte, stieß man auf eine große Pfahlbausiedlung, deren Alter auf 3700 Jahre geschätzt wird. Im Museo delle Palafitte kann man nicht nur interessante Fundstücke aus jener Zeit, sondern auch diese nachgebaute Hütte auf Stelzen bewundern.

Der erst Mitte des 19. Jahrhunderts durch eine Straße erschlossene Ledrosee wird von hohen Bergen und dichten Wäldern gerahmt. Er ist etwas mehr als zwei Quadratkilometer groß und seine maximale Tiefe beträgt 47 Meter.

Seite 62/63:
Angesichts seiner wirklich einmaligen Lage und Umgebung darf man sich nicht wundern, wenn der 1000-Seelen-Ort Limone täglich von bis zu 10 000 Besuchern überschwemmt wird.

Ob nun an der Promenade oder am neuen Hafen – in Limone findet sich überall ein Plätzchen mit schönster Aussicht. So kann man stundenlang sitzen, die wechselnden Stimmungen des Tages genießen – und dabei zu sich selber finden.

Obwohl die meisten der einst für Limone typischen Limonaien (Gewächshäuser für Zitronen) wegen unzureichender Wirtschaftlichkeit aufgelassen wurden, sind die Zitronenbäume nicht völlig aus der Ortschaft verschwunden. Dabei streiten sich die Wissenschaftler bis heute, ob deren Name wirklich von der sauren Zitrusfrucht herrührt oder aber vom lateinischen „limes“ (= Grenze).

Unterwegs zwischen Limone und dem Hochplateau von Tremosine. Das Öl der hiesigen Olivenbäume, das bereits von den Römern, Langobarden und Franken geschätzt wurde, ist besonders mild, fruchtig und säurearm.

Zwischen dem Gardasee und der – aus achtzehn Dörfern bestehenden – Gemeinde Tremosine liegen rund 400 Höhenmeter. Die Bergstraße führt auch durch die grandiose Brasa-Schlucht.

Blick über die Hochebene von Tremosine – mit dem Hauptort Pieve und dem benachbarten Priezzo – auf den Gardasee. Im Gegensatz zu dem mediterranen Klima drunten am Wasser macht sich hier der alpine Einfluss stärker bemerkbar.

Die Dörfer der Gemeinde Tremosine haben alle ihr eigenes Gotteshaus beziehungsweise Kapelle. So auch Priezzo (im Vordergrund) und Vesio.

Seite 68/69:
Um den kleinen Hafen von Gargnano gruppiert sich ein malerischer Ortskern. Die am nördlichen Ende der Riviera Bresciana gelegene Ortschaft zählt rund 3000 Einwohner. Die ersten Touristen, wohlhabende Bürger aus Mailand und Brescia, kamen im 19. Jahrhundert.

YACHT CLUB VELDEN
Palombella Rossa

PAT 520

Angesichts dieser Idylle am Hafen von Gargnano ist es schwer vorstellbar, dass hier Mitte des 19. Jahrhunderts eine „Seeschlacht" stattfand, bei der italienische und französische Schiffe von österreichischen Kanonenbooten unter Beschuss genommen wurden.

In den Mauern der um den Hafen von Gargnano gelegenen Palazzi stecken noch heute die Kugeln des Beschusses von 1866. So auch in dem aus dem 16. Jahrhundert stammenden Rathaus, dessen Fassade von prächtigen Doppelarkaden gegliedert wird.

Einer der vielen Prominenten, die Gargnano besuchten, war D. H. Lawrence, Autor des skandalumwitterten Romans „Lady Chatterley“. Den See vor Augen, fühlte er sich hier „wie im Paradies“.

Das Kloster San Francesco in Gargnano datiert vom Ende des 13. Jahrhunderts. Während von der Kirche nur die Fassade im Original erhalten blieb, ist der romanisch-gotische Kreuzgang zur Gänze in seiner ursprünglichen Schönheit auf uns gekommen.

An der Promenade von Toscolano-Maderno. Die beiden Teile der Doppelstadt sind nur durch einen kleinen Fluss getrennt. Während Toscolano schon von den Etruskern gegründet wurde, geht Maderno auf die Römer zurück.

Ohne Fleiß kein Preis: Training in der Bucht von Maderno. Wie am Dress der jungen Kanusportler zu erkennen ist, sind diese in Deutschland beheimatet.

*Rechte Seite:
Die dreischiffige Kirche Santi Pietro e Paolo in Toscolano wurde Ende des 16. Jahrhunderts errichtet. Die Bemalung stammt von dem Venezianer Andrea Celesti, der zwischen 1637 und 1712 lebte und wirkte.*

INRI

Von den Papiermühlen entlang des Toscolano erhielt das ganze Tal seinen Namen: Valle delle Cartiere. 1381 erstmals erwähnt, erreichte die Produktion im 17. Jahrhundert ihren Höhepunkt. Büttenpapier aus Toscolano war nicht nur in Europa, sondern auch im Orient bekannt und begehrt.

Eine der ehemaligen Papiermühlen im Valle delle Cartiere dient heute als Museum. Dort werden nicht nur interessante Exponate gezeigt, sondern auch die verschiedenen Arbeitsschritte bei der Papierherstellung demonstriert.

Mit dem Bau der Straße von Süden bis nach Gargnano im Jahre 1872 wurde die Brescianer Riviera zu einer der ersten Adressen für die Reichen, Prominenten und Schönen der Welt. Ihr bevorzugter Aufenthaltsort war Gardone Riviera mit dem legendären Grand Hotel, das zwischen 1880 und 1883 von dem österreichischen Ingenieur Louis Wimmer erbaut wurde, der als Bürgermeister die Entwicklung des gesamten Ortes mitbestimmt hat.

Auch wenn sich die Gästeliste des Grand Hotels von Gardone Riviera längst nicht mehr so interessant liest wie zu dessen Hoch-Zeiten, lohnen allein schon die Atmosphäre des Hauses und die Erinnerungen an die berühmten Gäste den Besuch.

In der Altstadt von Salò. Die mit rund 10 000 Einwohnern größte Kommune am westlichen Ufer des Gardasees genoss unter den Römern, den Visconti und den Venezianern eine Vorrangstellung. Von 1943 bis 1945 residierte hier und in Gargnano die von den Deutschen eingesetzte Marionettenregierung unter Benito Mussolini.

Der Palazzo del Podestà in Salò beherbergt heute das Rathaus der Stadt. Das Gebäude datiert aus dem 14. Jahrhundert. Die Fassade mit dem Arkadengang wurde von dem berühmten venezianischen Baumeister Jacopo Sansovino (1486–1570) gestaltet.

Der zwischen 1453 und 1502 errichtete Dom Santa Maria Annunziata in Salò gilt als bedeutendste und prächtigste Hinterlassenschaft der späten Gotik am Gardasee. Blickfang der – unvollendet gebliebenen – Fassade ist das marmorne Figurenportal.

Seite 80/81:
Im Dom von Salò blickt man Richtung Chorraum. Das Kruzifix unter dem Triumphbogen ist ein Werk Hans von Ulms. Die Gemälde im Gewölbe, wie auch an den Wänden des Presbyteriums, schuf Palma il Giovane (um 1548–1628).

Während sich Manerba del Garda gleich mehrerer Badestrände rühmen kann, besitzt das gegenüberliegende Salò keinen einzigen – bietet dafür aber eine Menge anderer Möglichkeiten zum Zeitvertreib.

Bootssteg im Hafen von San Felice del Benaco, dem Zentrum der Halbinsel San Fermo. Die 2700 Einwohner leben nicht nur vom Fremdenverkehr, sondern auch vom Wein- und Olivenanbau.

Badefreuden in Manerba. Da die Dörfer der Gemeinde auf einer in den See hineinragenden breiten Landzunge liegen, kann man unter verschiedenen Stränden wählen. So finden nicht nur Familien mit Kindern, sondern auch diejenigen Gäste, die es eher ruhiger mögen, das richtige Plätzchen.

Am Strand von Moniga del Garda. Der von Olivenbäumen gerahmte kleine Ort wurde Mitte des 9. Jahrhunderts erstmals erwähnt. Er wird von einem mächtigen Kastell überragt, dessen älteste Teile über 1000 Jahre alt sind.

MATER
OPTIMA
IES VS
MARIA

Linke Seite:
Blick in die Pfarrkirche Santa Maria in Padenghe sul Garda, die – nachdem das alte romanische Kirchlein Sant'Emiliano (11. und 12. Jahrhundert) die Gläubigen nicht mehr fassen konnte – im 16. Jahrhundert errichtet wurde.

Auf den Grundmauern einer römischen Festung errichtet, fällt die auf einem 119 Meter hohen Hügel thronende Burg von Padenghe sul Garda, der älteste unter den Wehrbauten der Valtanesi, schon von weitem ins Auge.

Blick durch das Tor in die Burg von Padenghe sul Garda, die inzwischen nicht mehr kriegerischen, sondern zivilen Zwecken dient. Nämlich, mit mehreren kleinen Häusern, als Wohnanlage.

Mittelpunkt der Altstadt von Desenzano ist die Piazza Malvezzi. Direkt am Hafen gelegen, ist der zu jeder Tageszeit belebte Platz ein beliebter Treffpunkt sowohl für Einheimische als auch für Touristen. Über sie alle wacht, auf einem hohen Podest, die heilige Angela Merici. Die Gründerin des Ursulinen-Ordens (1535) ist die Schutzpatronin der Stadt.

Mit rund 22 500 Einwohnern ist Desenzano die größte Stadt am Gardasee. Die Touristen kommen jedoch eher zum Einkaufen als zum Bleiben hierher. Das heißt, am Abend sind die Bewohner von Desenzano in den Restaurants zumeist unter sich.

Am Hafen von Desenzano. Unter venezianischer Herrschaft entwickelte sich die Stadt zum wichtigsten Handelszentrum Oberitaliens. Vor allem Getreide wurde von hier über den Gardasee gen Norden verschifft.

Seite 88/89:
Es ist Abend geworden am Gardasee. Der alte Leuchtturm am Ende der Mole von Desenzano leuchtet seit Jahr und Tag den ankommenden und ausfahrenden Schiffen den Weg.

Register

Boario Terme
Mte. Colombine 2.215 m
Collio
Bovegno
Val Trómpia
Corna Blacca 2.006 m
Pertica Bassa
Tavérnole sul Mella
Pertica Alta
Lavenone
Vestone
Nozza
Casto
Gardone Val Trómpia
Barghe
Preseglie
Lumezzane
Odolo
Vallio Terme
Caino
F. Mella
Nave
Gavardo
Nuvolento
Botticino
Nuvolera
BRESCIA
Mazzano
Rezzato
Ciliverghe
F. Chiese
Calcinato
Ghedi
Montichiari

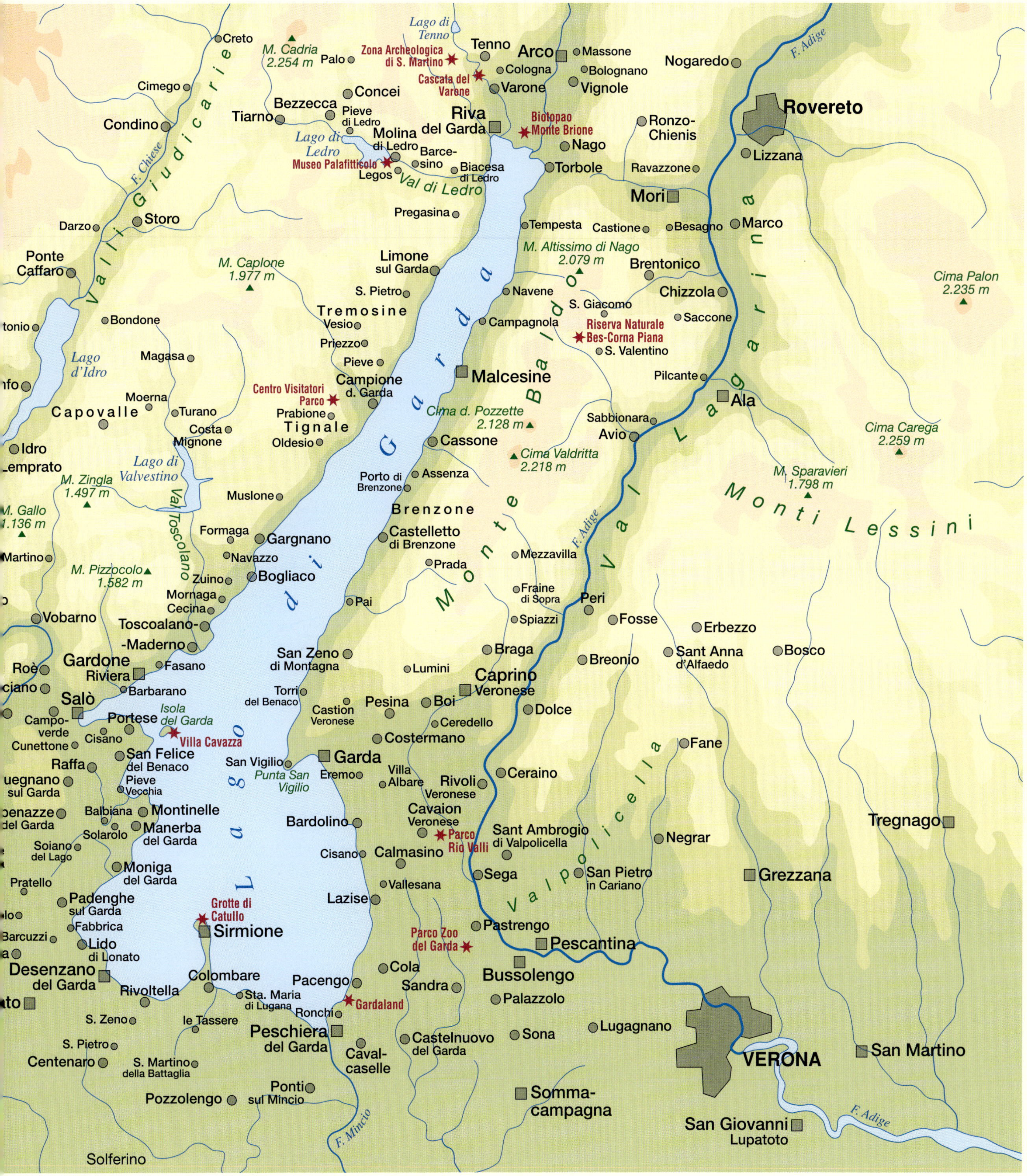
Lago di Garda
Valli Giudicarie
Val di Ledro
Monte Baldo
Val Lagarina
Monti Lessini
Valpolicella
Val Toscolano
Lago di Tenno
Lago di Ledro
Lago d'Idro
Lago di Valvestino
F. Chiese
F. Adige
F. Mincio
Creto
M. Cadria 2.254 m
Palo
Zona Archeologica di S. Martino
Tenno
Arco
Massone
Cologna
Bolognano
Nogaredo
Cascata del Varone
Varone
Vignole
Cimego
Concei
Bezzecca
Pieve di Ledro
Tiarno
Riva del Garda
Biotopao Monte Brione
Roverto
Condino
Molina di Ledro
Ronzo-Chienis
Nago
Lizzana
Museo Palafitticolo
Barcesino
Legos
Biacesa di Ledro
Torbole
Ravazzone
Mori
Pregasina
Storo
Darzo
Tempesta
Castione
Besagno
Marco
M. Altissimo di Nago 2.079 m
Ponte Caffaro
M. Caplone 1.977 m
Limone sul Garda
Brentonico
S. Pietro
Navene
Chizzola
Cima Palon 2.235 m
S. Giacomo
Tremosine
Vesio
Campagnola
Saccone
Bondone
Riserva Naturale Bes-Corna Piana
Priezzo
S. Valentino
Magasa
Pieve
Campione d. Garda
Malcesine
Pilcante
Ala
Centro Visitatori Parco
Moerna
Capovalle
Turano
Prabione
Tignale
Cima d. Pozzette 2.128 m
Sabbionara
Avio
Cima Carega 2.259 m
Costa
Mignone
Oldesio
Cassone
Idro
Cima Valdritta 2.218 m
M. Zingla 1.497 m
Porto di Brenzone
Assenza
M. Sparavieri 1.798 m
M. Gallo 1.136 m
Muslone
Brenzone
Formaga
Gargnano
Castelletto di Brenzone
Navazzo
Mezzavilla
M. Pizzocolo 1.582 m
Prada
Zuino
Bogliaco
Mornaga
Cecina
Fraine di Sopra
Peri
Pai
Vobarno
Toscolano-Maderno
Spiazzi
Fosse
Erbezzo
San Zeno di Montagna
Braga
Sant Anna d'Alfaedo
Bosco
Roè
Gardone Riviera
Fasano
Lumini
Breonio
Caprino Veronese
Barbarano
Torri del Benaco
Salò
Isola del Garda
Castion Veronese
Pesina
Boi
Dolce
Campoverde
Portese
Ceredello
Villa Cavazza
Cisano
Costermano
Cunettone
Fane
Raffa
San Felice del Benaco
San Vigilio
Garda
Punta San Vigilio
Eremo
Villa Albare
Rivoli Veronese
Ceraino
Pieve Vecchia
Montinelle
Balbiana
Cavaion Veronese
Tregnago
Manerba del Garda
Solarolo
Bardolino
Sant Ambrogio di Valpolicella
Parco Rio Valli
Soiano del Lago
Negrar
Cisano
Calmasino
Moniga del Garda
Grezzana
Pratello
Sega
San Pietro in Cariano
Vallesana
Padenghe sul Garda
Grotte di Catullo
Lazise
Fabbrica
Sirmione
Pastrengo
Barcuzzi
Lido di Lonato
Parco Zoo del Garda
Pescantina
Desenzano del Garda
Colombare
Pacengo
Cola
Bussolengo
Rivoltella
Sta. Maria di Lugana
Sandra
Palazzolo
Gardaland
Ronchi
S. Zeno
le Tassere
Peschiera del Garda
Castelnuovo del Garda
Sona
Lugagnano
S. Pietro
Cavalcaselle
VERONA
San Martino
Centenaro
S. Martino della Battaglia
Ponti sul Mincio
Sommacampagna
Pozzolengo
San Giovanni Lupatoto
Solferino

An der Seepromenade von Lazise. Die Sonne schickt einen letzten Licht-Gruß über das Wasser, das ihn – verwandelt und vervielfältigt – weiterleitet.

Umschlag vorne, oben: Am alten Hafen von Lazise. Seit dem 15. Jahrhundert hatte Venedig eine Kriegsflotte dort stationiert. 1509, bedrängt von den Truppen der Liga von Combrai, erhielten die venezianischen Schiffe den Befehl zum Auslaufen – um dann ein paar hundert Meter weiter zu verbrennen.

Umschlag vorne, unten: Blick von der 1425 Meter hohen Bocca di Navene auf Limone sul Garda, das – eingeklemmt zwischen Wasser und riesigen Felswänden – zu den fotogensten Orten am Gardasee zählt.

Umschlag hinten: An der Punta San Vigilio. Wie zahlreiche Felsritzungen beweisen, wussten schon unsere prähistorischen Vorfahren die traumhafte Lage der zwischen Garda und Torri del Benaco in den See ragenden Halbinsel zu schätzen.

Impressum

Buchgestaltung
www.hoyerdesign.de

Karte
Fischer Kartografie, Aichach

Printed in Germany
Repro: Artilitho, Lavis-Trento, Italien
www.artilitho.com
Druckerei Uhl GmbH & Co. KG,
Radolfzell am Bodensee

ISBN 978-3-8035-2003-6

Unser gesamtes Programm finden Sie unter:
www.verlagshaus.com

Gaia